Inhalt

Klimaschutz und Ökonomie - Folgen des Klimawandels kosten die Wirtschaft dreistellige Milliardenbeträge

Kernthesen

Beitrag

Fallbeispiele

Zahlen und Fakten

Weiterführende Literatur

Impressum

Klimaschutz und Ökonomie - Folgen des Klimawandels kosten die Wirtschaft dreistellige Milliardenbeträge

Autor GENIOS BranchenWissen: A.Schneider

Kernthesen

- Das Deutsche Institut für Wirtschaftsforschung (DIW) in Berlin warnt in seinem jüngst veröffentlichten Wochenbericht vor Folgekosten des Klimawandels in Höhe von 800 Milliarden Euro.
- 2007 gilt als Schlüsseljahr für die

Klimapolitik, doch der Weg zu einem internationalen Post-Kyoto-Abkommen, das Klimaschutzziele für die Zeit nach 2012 definieren soll, ist noch weit.
- Die ökonomischen Folgen des Klimawandels werden in allen Branchen, für alle Unternehmen und Haushalte spürbar sein.
- Die Eco-Economy ist im Gründerboom. Durch klimaneutralisierende Kompensationsgeschäfte können wir uns von Umweltsünden freikaufen.

Beitrag

Verlangsamtes Wirtschaftswachstum, höhere Energiekosten, steigende Versicherungsschäden, Einbußen im Tourismusgeschäft die negativen Auswirkungen des Klimawandels werden Deutschland dreistellige Milliardenbeträge kosten. Die neue DIW-Studie gießt Öl ins Feuer der Klimaschutzdebatte.

Ein Weitermachen wie bisher kommt uns teuer zu stehen

Die Zeiten, in denen wir von negativen Klimafolgen der Abholzung des brasilianischen Regenwaldes lasen und damit hierzulande ein weit weg und betrifft uns nicht assoziierten, sind vorbei.
Jahrhunderthochwasser in Ostdeutschland, Sturmfluten, die auch deutsche Urlauber an lieb gewonnenen thailändischen Stränden erbarmungslos wegspülen, Stürme a la Kyrill, die unsere eh schon geplagten Wälder noch weiter ausdünnen und die Bäume umknicken, unberechenbare Winter mit Schnee und Eis bis ins Frühjahr hinein oder aber Skifahren nur auf Kunstschnee aus Schneekanonen all diese Erfahrungen haben uns längst eines Besseren belehrt.
Bei der Diskussion um den Klimaschutz und die Reduktion des CO_2-Ausstoßes geht es um unser aller Zukunft, um den verantwortungsvollen Umgang mit wertvollen Rohstoffen. Alle sind betroffen und sollten sich engagieren, global, jedes Land, jede Branche, jeder einzelne Haushalt.

Das Deutsche Institut für Wirtschaftsforschung (DIW) in Berlin prognostiziert in seinem jüngst veröffentlichten Wochenbericht, dass in den kommenden 50 Jahren der Klimawandel und seine Folgen zu einer durchschnittlichen Belastung des deutschen Wirtschaftswachstums von einem halben Prozentpunkt pro Jahr führen wird.
Dabei geht die DIW-Simulation davon aus, dass die

Welt so weitermacht wie bisher und legt daher ein sehr hohes Ansteigen der weltweiten Durchschnittstemperatur bis zum Ende des Jahrhunderts um 4,5 Grad Celsius zugrunde.

Die Kosten sind immens: Auf insgesamt 800 Milliarden Euro könnten sie sich summieren. Für den durchschnittlichen Haushalt würde das Mehrausgaben von 250 Euro pro Jahr bedeuten.

Regenreiche Winter und extrem heiße und trockene Sommer führen zu Stürmen, Überflutungen und Dürren. Dies verursacht Kosten in drei Bereichen: Erstens direkte Schäden in Höhe von 330 Milliarden Euro, zweitens erhöhte Energiekosten in Höhe von 300 Milliarden Euro, wenn etwa Kühltürme zu wenig Wasser aus Flüssen ziehen können oder Hurrikane die Ölförderung gefährden, und drittens die Kosten der Anpassung in Höhe von 170 Milliarden Euro. Sie erfassen die Kosten für den Ausbau von Deichen und Schutzmauern, eine verbesserte Gebäude-Isolierung und die Einrichtung eines speziellen "Hitzewarnsystems", das detaillierte Pläne für den Katastrophenfall und entsprechende Vorsorgemaßnahmen umfasst. (1), (2)

2007 als Schlüsseljahr für die

Klimapolitik

Der Direktor des UN-Umweltprogramms (Unep), Steiner, bezeichnete 2007 als ein Schlüsseljahr für die Klimapolitik. Und in der Tat sind die Umweltminister derzeit äußerst rege.

Auf dem EU-Gipfel Mitte März haben die 27 EU-Mitgliedsländer beschlossen, ihre Emissionen des Treibhausgases CO_2 radikal zu reduzieren und so zum Vorreiter für den weltweiten Klimaschutz zu werden. Die Europäische Union will bis zum Jahr 2020 die CO_2-Emissionen um ein Fünftel senken und den Anteil erneuerbarer Energien von acht auf 20 Prozent erhöhen. Die Lastenverteilung auf die einzelnen EU-Staaten muss allerdings noch ausgehandelt werden.

Derzeit sitzen die Umweltminister in Potsdam zusammen und beratschlagen über den Klimawandel und wie ihm Einhalt geboten werden soll. Neben den Ministern aus den acht führenden Industriestaaten (G 8) sind zum ersten Mal auch Vertreter aus den fünf Schwellenländern China, Indien, Mexiko, Brasilien und Südafrika dabei, weil diese immer mehr Treibhausgase emittieren und daher in globale Abkommen einbezogen werden sollen.

Allzu konkrete Ergebnisse werden von diesem Treffen nicht erwartet, wohl aber soll es politische Dynamik erzeugen, damit es dann beim Gipfeltreffen der G-8-Staaten im Juni in Heiligendamm möglichst auch von Ländern außerhalb der Europäischen Union Zusagen über eine Reduktion der Emissionen gibt.

Der Weg zu einem internationalen Post-Kyoto-Abkommen, das Klimaschutzziele für die Zeit nach 2012 definieren soll und das dann auch die Amerikaner, Chinesen und andere Schwellenländer unterschreiben ist noch lang. Bis zu UN-Klimakonferenz Ende 2007 in Bali gibt es noch einiges zu tun.

Ökonomische Folgen schmerzhaft für alle Branchen

Die ökonomischen Folgen des Klimawandels werden in allen Branchen spürbar sein. Die DIW-Studie geht davon aus, dass Unternehmen, die vom Klimawandel betroffen sind, sich aber nicht anpassen können oder wollen, an der Börse künftig schlechter bewertet werden.

Die Umweltorganisation B.A.U.M. hat jüngst im Auftrag der WirtschaftsWoche die Dax-30-Unternehmen aus 18 verschiedenen Branchen daraufhin untersucht, wie intensiv sie sich des

Themas Klimawandel angenommen haben und ob sie konkrete Maßnahmen zur Risikobegrenzung und Chancennutzung vorweisen können.
B.A.U.M. stellt im Ergebnis ein hervorragendes Zeugnis für Unternehmen wie Henkel, Deutsche Telekom, BASF, Bayer, Siemens, Adidas, TUI, Continental und Deutsche Post World Net aus. Auch die Automobilkonzerne Volkswagen und DaimlerChrysler haben sich aufgrund C02-kraftstoffsparender Technologien und Fahrzeuge (Lupe, Bluemotion, Smart, A-Klasse) Lob verdient. Vor deutlich größeren Herausforderungen hingegen stünden die Energieunternehmen E.On und RWE. Noch beträchtliche Optimierungschancen in Sachen Klimawandel sehen die Umweltschützer bei Altana, Hypo Real Estate und Deutsche Börse. (3)

Energiewirtschaft

Energie wird teurer werden, so lauten einhellig die Prognosen. Extreme Hitze- und Dürreperioden, niedrige Wasserpegel in Flüssen, zerstörte Stromleitungen, Stürme in Hurrikan-gefährdeten Gebieten können zu einer Verknappung der Förderung von Öl und Gas führen und damit zu Preissteigerungen für Erdgas, Benzin, Heizöl und Strom.

Durch eine Energiepreiserhöhung von 20 Prozent entstehen volkswirtschaftliche Kosten von bis zu 130 Milliarden Euro, so das DIW. In energieintensiven Branchen könne sich der Energiekostenanteil sogar auf 85 Prozent erhöhen.

Verkehrswirtschaft

Als Klimasünder Nummer 1 in der Verkehrswirtschaft gilt das Auto. Immer wieder werden diverse Maßnahmen für den Klimaschutz diskutiert und je nach Lobby wieder verworfen. Forderungen nach einem Tempolimit auf deutschen Autobahnen haben inzwischen einen langen Bart. Die Autoindustrie soll spritsparende, CO_2-arme Modelle entwickeln und zu angemessenen Preisen verkaufen. Der 77. Internationale Auto-Salon in Genf zeigt: Die Zahl der Hightech-Fahrzeuge mit geringerer Schadstoffemission wächst, und die Menge der Hightech-Gefährte mit höherer Leistung wird nicht geringer. (4)

Automobilverbände fordern Investitionen in die Verkehrsinfrastruktur und Leittechnik. Dadurch könnten Stauungen vermieden und jährlich rund 30 Millionen Tonnen CO_2-Emissionen eingespart werden. Bundesverkehrsminister Tiefensee hofft, schon im ersten Halbjahr 2008 eine neue

Kraftfahrzeugsteuer in Gang setzen zu können, bei der der Fahrer eines Autos mit viel CO2-Ausstoß mehr Steuern bezahlen soll als der Fahrer eines umweltfreundlichen Fahrzeugs. Umweltminister Gabriel will die steuerliche Abzugsfähigkeit der Benzinkosten für Dienstwagen limitieren.

Vor dem Hintergrund der aktuellen politischen Diskussion um den Klimawandel erhofft sich der Verkehrsträger Bahn künftig wieder eine wichtigere Rolle. Das DIW warnt vor Problemen im Luftverkehr auf Grund veränderter Luftströmungsverhältnisse und vor Nachteilen in der Binnenschifffahrt durch Niedrig- oder Hochwasser.

Finanzmarkt

Dass sich mit dem Klimaschutz lukratives Geschäft machen lässt, wittern auch die Finanzmärkte. Immer mehr Banken und Fondsgesellschaften drängen zurzeit mit Umweltfonds und -zertifikaten unter Etiketten wie "Klima", "Öko" und "nachhaltig" auf den Markt. Ob sie inhaltlich halten, was sie versprechen, mag dahingestellt bleiben. Tatsache ist, dass es im deutschsprachigen Raum inzwischen 137 Fonds in den Kategorien Umwelt, Energie, Ethik und Nachhaltigkeit gibt. Das Fondsvolumen entwickelt sich prächtig: Es betrug zum Jahresende 2006 etwas mehr als 18 Milliarden Euro und lag damit fast doppelt so hoch wie Ende 2005.

Zu den größten Fonds zählen der New Energy Fund von Black Rock Merrill Lynch und beinhaltet als Werte die Windenergieunternehmen Vestas aus Dänemark, Gamesa aus Spanien, Suzlon aus Indien und das deutsche Solarunternehmen Solarworld. Der Pictet Fund Water investiert in Trinkwasserhersteller, Wasseraufbereiter und Entsalzer. (5)

Versicherungswirtschaft

Das DIW rechnet in den kommenden 50 Jahren mit bis zu 100 Milliarden Euro Mehrkosten, die die Versicherungsbranche schwächen werden. Die deutschen Versicherungsanbieter ziehen die wachsenden Risiken, die aus dem Klimawandel resultieren, längst ins Kalkül. Sie erwägen beispielsweise, künftig verstärkt Wohngebäudeversicherungen mit einem Selbstbehalt anzubieten. Wenn es um die Abdeckung von Hurrikanschäden geht, berücksichtigen die Rückversicherer in den Verträgen auch deren Häufigkeit in der Zukunft. Die Branche sieht aber auch Chancen für neue Produkte. So hat beispielsweise die Münchner Rück eine Bohrung für ein Geothermiekraftwerk bei München versichert und ist bei erneuerbaren Energien aktiv. (6)

Tourismus

Für die Tourismusbranche erwartet das DIW einschneidende Veränderungen und hohe Kosten. Schneefreie Skigebiete in den Alpen einerseits und boomender Badetourismus an Nord- und Ostseeküsten andererseits werden vorausgesagt. Das verursache in den nächsten 50 Jahren Anpassungskosten bis zu 11 Milliarden Euro und Kosten für Klimaschäden von bis zu 19 Milliarden Euro.
Die Branche ist sich im Klaren darüber, dass sie den Klimaschutzerwartungen, die an sie gerichtet werden, auf Dauer nicht die kalte Schulter zeigen kann. Unstrittig ist, dass derzeit durch Warteschleifen in der Luft und zu viel Abstimmungsbedarf unter den vielen Flugsicherungsbehörden in Europa Flugzeuge länger als nötig in der Luft sind und damit Treibstoff vergeuden. Ein einheitlicher Luftraum in Europa aber ist nicht in Sicht.
Doch während die einen Mindestpreise für Flüge und das Verbot von besonders kurzen Flugstrecken fordern, ziehen sich die anderen auf die Position zurück, dass der Luftverkehr lediglich drei Prozent des klimaschädigenden CO_2 produziere und wehren

sich gegen eine Kerosinsteuer.

Land-, Forst- und Wasserwirtschaft

Der Klimawandel wird zu heißeren Sommern, Wasserknappheit und Trockenheit führen. Die Folgen sind Ernteverluste, Waldbrände und eine verstärkte Schädlingsverbreitung. Insgesamt, so schätzt das DIW, werden hier Schäden in Höhe von bis zu 3 Milliarden Euro in Deutschland anfallen. Darüber hinaus kann es im Frühjahr und Winter auf Grund starker Niederschläge zu Hochwasser und an Nord- und Ostsee zu vermehrten Sturmfluten kommen. Dadurch können Immobilien- und Infrastrukturschäden von bis zu 10 Milliarden Euro auftreten.

Gesundheitssektor

Sich ausbreitende Malaria, hitzebedingte Todesfälle und Leistungsabfall der Beschäftigten werden den Gesundheitssektor teuer zu stehen kommen. Das DIW geht hier von zusätzlichen Kosten in Höhe von 61 Milliarden Euro aus.

Eco-Economy im Gründerboom

Wer wüsste es nicht wir alle können täglich unseren Beitrag zum Klimaschutz leisten. Wir können Wäsche an der Sonne trocknen anstatt im Wäschetrockner, kurze Strecken mit dem Fahrrad anstatt mit dem Auto fahren, das Licht ausschalten, elektrische Geräte nicht auf Standbydauerbetrieb lassen, den alten Heizkessel austauschen.

Und neuerdings entsteht eine ganz neue Branche, die unser Gewissen erleichtern kann. Die Eco-Economy, sozusagen der Ablasshandel für Klimasünden. Durch klimaneutralisierende Kompensationsgeschäfte können wir uns freikaufen. Wie das aussehen kann, verdeutlicht folgendes Beispiel einer amerikanischen Familie, die aus New York mit dem Flugzeug nach Zürich reiste, von dort einen Mietwagen nahm und zwei Wochen in dem Schweizer Bergort Arosa verweilte. Knapp 17 Tonnen klimaschädliches CO_2-Gas hat sie damit verursacht. Das zumindest hat das Unternehmen Climatepartner für den Aroser Tourismusmanager errechnet. Die Tonne CO_2 kostet 7,50 Euro. Climatepartner hat für Arosa CO_2-Zertifikate gekauft und der Arosa-Tourismusmanager hat dafür 125 Euro an Climatepartner gezahlt. Das Geld fließt zum Großteil in ein Projekt der Firma Schmack Biogas. Die amerikanische Familie kann so mit reinem Umweltgewissen und einer dementsprechenden Urkunde die Heimreise antreten und nächstes Jahr wiederkommen. (7)

Fallbeispiele

Weltweit herrscht zunehmende Einigkeit darüber, dass etwas für den Klimaschutz getan werden muss. Doch an ganz konkret messbaren und umgesetzten Maßnahmen hapert es derzeit noch gewaltig.In Europa will neuerdings **Großbritannien** Vorreiter in Sachen Klimaschutz sein. Das britische Umweltministerium hat einen Gesetzentwurf vorgelegt, der Großbritannien als erstes Land der Welt verpflichten soll, einen festen Stufenplan zur Senkung der Emission von Treibhausgasen einzuhalten. Großbritannien will den Ausstoß von Kohlendioxid bis zum Jahr 2020 um 26 bis 32 Prozent unter den Stand von 1990 reduzieren und die Emissionen bis zum Jahr 2050 um 60 Prozent drosseln. (8)

In **Frankreich** ist die Erderwärmung Topthema im Präsidentschaftswahlkampf. Der Anteil der erneuerbaren Energien beträgt im zweitgrößten

Industriestaat Europas derzeit sechs Prozent des gesamten Energieverbrauchs, meist gewonnen aus Wasserkraft. Solaranlagen und Windräder gibt es nur wenige, Atomkraftwerke und Atomkraftanhänger hingegen viele. (9)

In den **Vereinigten Staaten**, die sich in der Vergangenheit wenig um die internationale Klimaschutzdiskussion gekümmert haben, scheint sich inzwischen ein Stimmungswandel breit zu machen, dem sich die Regierung Bush, Umweltschützer und führende Wirtschaftsunternehmen wie Alcoa, BP America und der Investmentbank Lehman Brothers anschließen. In Potsdam äußerten die USA allerdings noch keine Bereitschaft, sich auf international verbindliche Reduktionsziele bei Kohlendioxid-Emissionen einzulassen. Die USA setzen vor allem auf die Verbreitung emissionsarmer Technologien. Im Land wird darüber diskutiert, den Benzinverbrauch innerhalb von zehn Jahren um 20 Prozent zu senken, den Spritverbrauch von Autos um 4% zu senken, eine Steuer auf CO2-Emissionen zu erheben oder einen Handel mit Zertifikaten für die Emission von Kohlendioxid nach europäischem Vorbild zu schaffen. (10)

China

rangiert zurzeit hinter den USA auf dem zweiten Rang bei Kohlendioxidemissionen, dürfte aber schon bald die Vereinigten Staaten überholen, weil siebzig Prozent des Stroms aus Kohlekraftwerken stammen. Die Regierung ist inzwischen erwacht und bereit zum Handeln. Der erste Bericht über die negativen Folgen des Klimawandels für China liegt seit Ende vorigen Jahres vor. Von bedenklichen Taifunen, schweren Regenfällen, ansteigenden Wasserpegeln in Flüssen, Seen und im Meer, von schmelzenden Gletschern, Dürren, Sandstürmen und Fluten ist darin die Rede. Das Land hat bereits nationale Pläne zur Kohlendioxidreduktion. An internationalen Vereinbarungen und konkreten Reduktionszielen für den Ausstoß von Treibhausgasen will sich China allerdings erst von 2030 an verpflichten. Noch ist die immense wirtschaftliche Aufholjagd mit ihrem enormen Energiehunger wichtiger, auch wenn sie massiv zu Lasten der natürlichen Ressourcen und Rohstoffe wie Wasser, Luft, Öl oder Kupfer geht. (11), (12)

Neben den Industriestaaten und Schwellenländern soll beispielsweise auch der **Staatenbund Asean** in die globalen Klimaschutzmaßnahmen eingebunden werden. Auf dem Gipfeltreffen der Außenminister der

EU und des Staatenbundes Asean (Indonesien, Malaysia, Philippinen, Singapur, Thailand, Brunei, Vietnam, Kambodscha und Myanmar) in Nürnberg ging es auch darum, künftigen Vorhaben zum Klimaschutz den Weg zu bereiten. Es geht unter anderem um die Förderung von Biotreibstoffen und erneuerbaren Energien und eine Klimavereinbarung, die über das Kyoto-Protokoll hinausgeht. (13)

Zahlen & Fakten

- In den kommenden 50 Jahren kann laut DIW Wochenbericht der Klimawandel das deutsche Wirtschaftswachstum mit durchschnittlich einem halben Prozentpunkt pro Jahr belasten.

- Die DIW-Simulation legt ein Ansteigen der weltweiten Durchschnittstemperatur bis zum Ende des Jahrhunderts um 4,5 Grad Celsius zugrunde.

- Die Kosten können sich auf insgesamt 800 Milliarden Euro summieren: erstens direkte Schäden in Höhe von 330 Milliarden Euro, zweitens erhöhte Energiekosten in Höhe von 300 Milliarden Euro, drittens die Kosten der Anpassung in Höhe von 170 Milliarden Euro.

- Für den durchschnittlichen Haushalt würde das

Mehrausgaben von 250 Euro pro Jahr bedeuten.

- Die Europäische Union will bis zum Jahr 2020 die CO_2-Emissionen um ein Fünftel senken und den Anteil erneuerbarer Energien von acht auf 20 Prozent erhöhen.

- Energiewirtschaft: Durch eine Energiepreiserhöhung von 20 Prozent entstehen volkswirtschaftliche Kosten von bis zu 130 Milliarden Euro, so das DIW. In energieintensiven Branchen könne sich der Energiekostenanteil sogar auf 85 Prozent erhöhen.

- Versicherungswirtschaft: Das DIW rechnet in den kommenden 50 Jahren mit bis zu 100 Milliarden Euro Mehrkosten.

- Tourismusbranche: Hier erwartet das DIW in den nächsten 50 Jahren Anpassungskosten bis zu 11 Milliarden Euro und Kosten für Klimaschäden von bis zu 19 Milliarden Euro.

- Land-, Forst- und Wasserwirtschaft: Insgesamt können Schäden in Höhe von bis zu 3 Milliarden Euro anfallen und Immobilien- und Infrastrukturschäden von bis zu 10 Milliarden Euro auftreten.

- Gesundheitssektor: Das DIW geht hier von zusätzlichen Kosten in Höhe von 61 Milliarden Euro aus.

Weiterführende Literatur

(1) Warum der Klimawandel teuer wird
aus ftd.de vom 14.03.2007

(2) Oberwittler, Jörg, 3.000.000.000.000 Euro zahlen Deutsche für die Klima-Katastrophe, Spiegel Online, 14.03.2007
aus ftd.de vom 14.03.2007

(3) Gege, Professor Dr. Maximilian, Die Dax-30-Unternehmen im Klima-Check, WirtschaftsWoche online vom 20070317, 04:59:59
aus ftd.de vom 14.03.2007

(4) Noch nie war so viel Umwelt in Genf
aus Frankfurter Allgemeine Zeitung, 13.03.2007, Nr. 61, S. T1

(5) Geld verdienen mit dem Klimawandel
aus Frankfurter Allgemeine Zeitung, 17.03.2007, Nr. 65, S. 21

(6) "Durch die Zunahme von Naturkatastrophen steigt die Nachfrage" Der Klimawandel erzeugt hohe Versicherungskosten. Die Münchener Rück stellt ihre Verträge daher auf zunehmende Wetterextreme um, sagt Experte Eberhard Faust

aus taz, 15.03.2007, S. 4

(7) Wedeln und rocken ganz ohne Reue
aus Handelsblatt Nr. 051 vom 13.03.07 Seite 10

(8) Großbritannien will Vorreiter im Umweltschutz sein
aus Frankfurter Allgemeine Zeitung, 14.03.2007, Nr. 62, S. 11

(9) Die nukleare Renaissance
aus Handelsblatt Nr. 051 vom 13.03.07 Seite 2

(10) Ein grüner Schimmer über Amerika
aus Frankfurter Allgemeine Zeitung, 17.03.2007, Nr. 65, S. 9

(11) Schlafendes China
aus Süddeutsche Zeitung, 16.03.2007, Ausgabe Deutschland, S. 4

(12) Peking in Abwehrstellung
aus Frankfurter Allgemeine Zeitung, 15.03.2007, Nr. 63, S. 3

(13) Europa rechnet mit stärkerem Einfluss in Südostasien
aus Süddeutsche Zeitung, 16.03.2007, Ausgabe Deutschland, S. 8

Impressum

Klimaschutz und Ökonomie - Folgen des Klimawandels kosten die Wirtschaft dreistellige Milliardenbeträge

Bibliografische Information der deutschen Nationalbibliothek

Die Deutsche Nationalbibliothek verzeichnet diese Publikation in der deutschen Nationalbibliografie; detaillierte bibliografische Daten sind im Internet über http://dnb.d-nb.de abrufbar.

ISBN: 978-3-7379-2339-2

© 2015 GBI-Genios Deutsche Wirtschaftsdatenbank GmbH, Freischützstraße 96, 81927 München, www.genios.de

Alle Rechte vorbehalten. Dieses Werk ist einschließlich aller seiner Teile – z.B. Texte, Tabellen und Grafiken - urheberrechtlich geschützt. Jede Verwertung außerhalb der Grenzen des Urheberrechtsgesetzes bedarf der vorherigen Zustimmung des Verlags. Dies gilt insbesondere auch für auszugsweise Nachdrucke, fotomechanische Vervielfältigungen (Fotokopie/Mikroskopie), Übersetzungen, Auswertungen durch Datenbanken oder ähnliche Einrichtungen und die Einspeicherung und Verarbeitung in elektronischen Systemen.